D0841245

Collection POLLEN
créée par Suzanne Bukiet
dirigée par Sabine Bledniak

*Des fleurs d'encre
crachant des pollens en virgule…*
Arthur Rimbaud

Autres titres de la collection :

Lettres
de la
religieuse
portugaise

« Il faut aimer
comme la religieuse portugaise,
et avec cette âme de feu
dont elle nous a laissé
une si vive empreinte
dans ses lettres immortelles. »

Stendhal,
La vie de Rossini.

© éditions Alternatives • 5, rue de Pontoise, 75005 Paris • 2004

LETTRES DE LA RELIGIEUSE PORTUGAISE

Calligraphies
Stéphanie Devaux

Éditions Alternatives

En janvier 1669, paraissait un petit livre anonyme intitulé *Lettres portugaises traduites en françois* et regroupant cinq lettres d'amour adressées, d'après un avis du libraire, par une religieuse portugaise à l'officier français qui l'avait séduite puis abandonnée. Le succès est immédiat (vingt éditions au XVIIᵉ siècle). Le récit de cette passion amoureuse sans espoir écrit dans la langue de Phèdre avait tout pour conquérir un public avide d'un nouveau romanesque initié par le théâtre de Racine. De surcroît, le recueil se présentait entouré d'un mystère qui en renforçait l'attrait. Quelle était réellement l'identité de cette religieuse, prénommée Marianne, celle du destinataire de ces lettres et celle de leur traducteur ? Les noms respectifs de Mariana Alcoforado, Mr de Chamilly et Mr de Guilleragues sont avancés. On sait aujourd'hui que de ces trois noms, seul le dernier a résisté aux multiples analyses historiques et littéraires, et que c'est à cet homme de lettres que fut finalement attribuée l'entièreté de l'œuvre, même si l'intéressé n'en revendiqua jamais la paternité. Pour certains critiques le doute subsiste encore...

Mais peu importe au fond que le mystère soit partiellement ou entièrement levé, il y a dans ces lettres, qui sont comme les cinq actes d'une tragédie, une vérité qui se moque du temps, des lieux, des êtres mêmes, et qui explique que trois siècles après sa parution et de multiples traductions (dont celle de Rainer Maria Rilke), ce texte suscite toujours autant d'intérêt.

Cri d'amour sans écho mais aussi, et surtout, autopsie lucide de la fin d'une passion, *Les Lettres* révèlent, dans une langue classique qui se joue souvent de l'académisme pour mieux exprimer les tourments d'une âme, leur indéfectible modernité.

Sabine Bledniak

AVIS DU LIBRAIRE

J'ai trouvé les moyens, avec beaucoup de soin et de peine, de recouvrer une copie correcte de la traduction de cinq lettres portugaises qui ont été écrites à un gentilhomme de qualité, qui servait en Portugal. J'ai vu tous ceux qui se connaissent en sentiments, ou les louer, ou les chercher avec tant d'empressement, que j'ai cru que je leur ferais un singulier plaisir de les imprimer. Je ne sais point le nom de celui auquel on les a écrites, ni de celui qui en a fait la traduction, mais il m'a semblé que je ne devais pas leur déplaire en les rendant publiques. Il est difficile qu'elles n'eussent enfin paru avec des fautes d'impression qui les eussent défigurées.

Claude Barbin

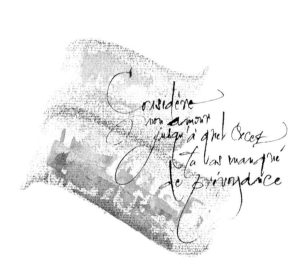

Considère
mon amour
jusqu'à quel excès
tu as manqué
de prévoyance

Première Lettre

Considère, mon amour, jusqu'à quel excès tu as manqué de prévoyance. Ah malheureux ! tu as été trahi, et tu m'as trahie par des espérances trompeuses. Une passion sur laquelle tu avais fait tant de projets de plaisirs, ne te cause présentement qu'un mortel désespoir, qui ne peut être comparé qu'à la cruauté de l'absence qui le cause. Quoi ? cette absence, à laquelle ma douleur, toute ingénieuse qu'elle est, ne peut donner un nom assez funeste, me privera donc pour toujours de regarder ces yeux dans lesquels je voyais tant d'amour et qui me faisaient connaître des mouvements qui me comblaient de joie, qui me tenaient lieu de toutes choses, et qui enfin me suffisaient ?

Hélas ! les miens sont privés de la seule lumière qui les animait, il ne leur reste que des larmes, et je ne les ai employés à aucun usage, qu'à pleurer sans cesse, depuis que j'appris que vous étiez enfin résolu à un éloignement, qui m'est si insupportable, qu'il me fera mourir en peu de temps. Cependant il me semble que j'ai quelque attachement pour des malheurs dont vous êtes la seule cause : je vous ai destiné ma vie aussitôt que je vous ai vu, et je sens quelque plaisir en vous la sacrifiant. J'envoie mille fois le jour mes soupirs vers vous, ils vous cherchent en tous lieux, et ils ne me rapportent pour toute récompense de tant d'inquiétudes, qu'un avertissement trop sincère, que me donne ma mauvaise fortune, qui a la cruauté de ne souffrir pas que je me flatte, et qui me dit à tous moments : Cesse, cesse, Marianne infortunée, de te consumer vainement, et de chercher un amant que tu ne verras jamais, qui a passé les mers pour te fuir, qui est en France au milieu des plaisirs, qui ne pense pas un seul moment à tes douleurs, et qui te dispense de tous ces transports, desquels il ne te sait aucun gré ! Mais non, je ne puis me résoudre à

Cesse, cesse,
Marianne
infortunée
de te
CoNSuMeR
vainement

juger si injurieusement de vous, et je suis trop intéressée à vous justifier. Je ne veux point m'imaginer que vous m'avez oubliée. Ne suis-je pas assez malheureuse sans me tourmenter par de faux soupçons ? Et pourquoi ferais-je des efforts pour ne me plus souvenir de tous les soins que vous avez pris de me témoigner de l'amour ? J'ai été si charmée de tous ces soins, que je serais bien ingrate, si je ne vous aimais avec les mêmes emportements que ma passion me donnait quand je jouissais des témoignages de la vôtre. Comment se peut-il faire que les souvenirs des moments si agréables soient devenus si cruels ? Et faut-il que contre leur nature, ils ne servent qu'à tyranniser mon cœur ? Hélas ! votre dernière lettre le réduisit en un étrange état : il eut des mouvements si sensibles qu'il fit, ce semble, des efforts pour se séparer de moi, et pour vous aller trouver. Je fus si accablée de toutes ces émotions violentes que je demeurai plus de trois heures abandonnée de tous mes sens. Je me défendis de revenir à une vie que je

Comment se peut il faire que les souvenirs des momens si agreables soient devenus si cruels ?

dois perdre pour vous, puisque je ne puis la conserver pour vous. Je revis enfin, malgré moi, la lumière. Je me flattais de sentir que je mourais d'amour ; et d'ailleurs, j'étais bien aise de n'être plus exposée à voir mon cœur déchiré par la douleur de votre absence. Après ces accidents, j'ai eu beaucoup de différentes indispositions : mais, puis-je jamais être sans maux, tant que je ne vous verrai pas ? Je les supporte cependant sans murmurer, puisqu'ils viennent de vous. Quoi ? est-ce là la récompense, que vous me donnez pour vous avoir si tendrement aimé ? Mais il n'importe, je suis résolue à vous adorer toute ma vie, et à ne voir jamais personne, et je vous assure que vous ferez bien aussi de n'aimer personne. Pourriez-vous être content d'une passion moins ardente que la mienne ? Vous trouverez, peut-être, plus de beauté (vous m'avez pourtant dit autrefois, que j'étais assez belle) mais vous ne trouverez jamais tant d'amour, et tout le reste n'est rien. Ne remplissez plus vos lettres de choses inutiles, et ne m'écrivez plus de me souvenir de vous. Je ne puis vous oublier, et je n'oublie pas aussi, que vous m'avez fait espérer, que vous viendriez passer quelque temps avec moi. Hélas ! pourquoi n'y voulez-vous pas passer toute votre vie ? S'il m'était possible de sortir de ce malheureux cloître, je n'attendrais pas en Portugal l'effet de vos promesses : j'irais, sans garder aucune mesure, vous chercher, vous suivre, et vous aimer par tout le monde. Je n'ose me flatter que cela puisse être, je ne veux point nourrir une espérance qui me donnerait assurément quelque plaisir, et je ne

À Monsie[ur]

pourriez-vous
estre content
d'une passion
et moins
que la mienne

veux plus être sensible qu'aux douleurs. J'avoue cependant que l'occasion que mon frère m'a donnée de vous écrire a surpris en moi quelques mouvements de joie, et qu'elle a suspendu pour un moment le désespoir où je suis. Je vous conjure de me dire pourquoi vous vous êtes attaché à m'enchanter, comme vous avez fait, puisque vous saviez bien que vous deviez m'abandonner ? Et pourquoi avez-vous été si acharné à me rendre malheureuse ? Que ne me laissiez-vous en repos dans mon cloître ? Vous avais-je fait quelque injure ? Mais je vous demande pardon : je ne vous impute rien, je ne suis pas en état de penser à ma vengeance, et j'accuse seulement la rigueur de mon destin. Il me semble qu'en nous séparant, il nous a fait tout le mal que nous pouvions craindre ; il ne saurait séparer nos cœurs ; l'amour, qui est plus puissant que lui, les a unis pour toute notre vie. Si vous prenez quelque intérêt à la mienne, écrivez-moi souvent. Je mérite bien que vous preniez quelque soin de m'apprendre l'état de votre cœur, et de votre fortune, surtout venez me voir. Adieu, je ne puis quitter ce papier, il tombera entre vos mains, je voudrais bien avoir le même bonheur : hélas ! insensée que je suis, je m'aperçois bien que cela n'est pas possible. Adieu, je n'en puis plus. Adieu, aimez-moi toujours, et faites-moi souffrir encore plus de maux.

ct 1894

ADIEU

Je ne puis quitter ce papier.
il tombera entre vos mains.
Je voudrois bien vous donner
le mesme bonheur.

SECONDE LETTRE

 L ME SEMBLE que je fais le plus grand tort du monde aux sentiments de mon cœur, de tâcher de vous les faire connaître en les écrivant : que je serais heureuse, si vous en pouviez bien juger par la violence des vôtres ! Mais je ne dois pas m'en rapporter à vous, et je ne puis m'empêcher de vous dire, bien moins vivement que je ne le sens, que vous ne devriez pas me maltraiter, comme vous faites, par un oubli, qui me met au désespoir, et qui est même honteux pour vous. Il est bien juste au moins, que vous souffriez que je me plaigne des malheurs, que j'avais bien prévus, quand je vous vis résolu de me quitter. Je connais bien que je me suis abusée, lorsque j'ai pensé que vous

auriez un procédé de meilleure foi, qu'on n'a accoutumé d'avoir, parce que l'excès de mon amour me mettait, ce semble, au-dessus de toutes sortes de soupçons, et qu'il méritait plus de fidélité, qu'on n'en trouve d'ordinaire. Mais la disposition que vous avez à me trahir l'emporte enfin sur la justice que vous devez à tout ce que j'ai fait pour vous. Je ne laisserais pas d'être bien malheureuse, si vous ne m'aimiez que parce que je vous aime, et je voudrais tout devoir à votre seule inclination ; mais je suis si éloignée d'être en cet état, que je n'ai pas reçu une seule lettre de vous depuis six mois. J'attribue tout ce malheur à l'aveuglement, avec lequel je me suis abandonnée à m'atta-cher à vous : ne devais-je pas prévoir que mes plaisirs finiraient plus tôt que mon amour ? Pouvais-je espérer, que vous demeureriez toute votre vie en Portugal, et que vous renonceriez à votre fortune et à votre Pays, pour ne penser qu'à moi ? Mes douleurs ne peuvent recevoir aucun soulagement, et le souvenir de mes plaisirs me comble de désespoir. Quoi ! tous mes désirs seront donc inutiles, et je ne vous verrai jamais en ma chambre avec toute l'ardeur et tout l'emportement

que vous me faisiez voir ? Mais, hélas ! je
m'abuse, et je ne connais que trop que
tous les mouvements qui occupaient ma
tête, et mon cœur, n'étaient excités en
vous que par quelques plaisirs, et qu'ils
finissaient aussi tôt qu'eux. Il fallait que
dans ces moments trop heureux j'appe-
lasse ma raison à mon secours pour
modérer l'excès funeste de mes délices, et
pour m'annoncer tout ce que je souffre
présentement. Mais je me donnais toute
à vous, et je n'étais pas en état de penser
à ce qui eût pu empoisonner ma joie, et
m'empêcher de jouir pleinement des
témoignages ardents de votre passion. Je
m'apercevais trop agréablement que
j'étais avec vous pour penser que vous
seriez un jour éloigné de moi. Je me souviens pourtant de vous avoir dit quelque-
fois que vous me rendriez malheureuse :
mais ces frayeurs étaient bientôt dissi-
pées, et je prenais plaisir à vous les sacrifier, et à m'abandonner à l'enchantement,
et à la mauvaise foi de vos protestations.
Je vois bien le remède à tous mes maux,
et j'en serais bientôt délivrée si je ne vous
aimais plus : mais hélas ! quel remède ;
non, j'aime mieux souffrir davantage,
que vous oublier. Hélas ! cela dépend-il

L'aveuglement

avec
je me suis
abandonné
a m'attacher à vous

de moi ? Je ne puis me reprocher d'avoir souhaité un seul moment de ne vous plus aimer ; vous êtes plus à plaindre que je ne suis, et il vaut mieux souffrir tout ce que je souffre, que de jouir des plaisirs languissants, que vous donnent vos maîtresses de France. Je n'envie point votre indifférence, et vous me faites pitié. Je vous défie de m'oublier entièrement. Je me flatte de vous avoir mis en état de n'avoir sans moi que des plaisirs imparfaits, et je suis plus heureuse que vous, puisque je suis plus occupée. L'on m'a faite depuis peu portière en ce couvent ; tous ceux qui me parlent, croient que je suis folle, je ne sais ce que je leur réponds. Et il faut que les religieuses soient aussi insensées que moi pour m'avoir cru capable de quelques soins. Ah ! j'envie le bonheur d'Emanuel et de Francisque ; pourquoi ne suis-je pas incessamment avec vous, comme eux ? Je vous aurais suivi, et je vous aurais assurément servi de meilleur cœur, je ne souhaite rien en ce monde, que vous voir : au moins souvenez-vous de moi. Je me contente de votre souvenir : mais je n'ose m'en assurer ; je ne bornais pas mes espérances à votre souvenir, quand je vous voyais tous les jours : mais vous m'avez bien appris qu'il faut que je me soumette à tout ce que vous voudrez. Cependant, je ne me repens point de vous avoir adoré, je suis bien aise que vous m'ayez séduite : votre absence rigoureuse, et peut-être éternelle, ne diminue en rien l'emportement de mon amour. Je veux que tout le monde le sache, je n'en fais point un mystère, et je suis ravie d'avoir fait tout ce que j'ai fait pour vous contre toute sorte de bienséance. Je ne mets plus mon honneur, et ma religion qu'à vous aimer éperdument toute ma vie puisque j'ai commencé à vous aimer. Je ne vous dis point toutes ces choses pour vous obliger à m'écrire. Ah ! ne vous contraignez point, je ne veux de vous que ce qui viendra de votre mouvement, et je refuse

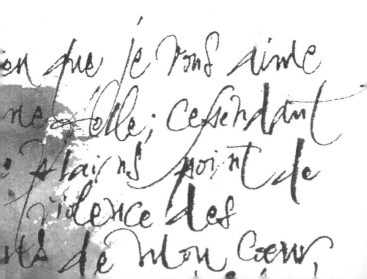

Je veux que tout
le monde le
sçache, je n'en
fais point un
mystère,
et je suis ravie
d'avoir fait
tout ce que
j'ay fait pour
vous rendre
toute sorte de
bien-séance:
je ne mets plus
mon honneur,
et ma
religion, qu'à
vous aimer
éperdument
toute ma vie

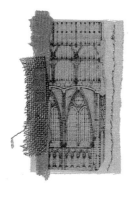

tous les témoignages de votre amour, dont vous pourriez vous empêcher. J'aurai du plaisir à vous excuser, parce que vous aurez, peut-être, du plaisir à ne pas prendre la peine de m'écrire : et je sens une profonde disposition à vous pardonner toutes vos fautes. Un officier français a eu la charité de me parler ce matin plus de trois heures de vous, il m'a dit que la paix de France était faite : si cela est, ne pourriez-vous pas me venir voir, et m'emmener en France ? Mais je ne le mérite pas, faites tout ce qu'il vous plaira, mon amour ne dépend plus de la manière dont vous me traiterez. Depuis

que vous êtes parti, je n'ai pas eu un seul moment de santé, et je n'ai aucun plaisir qu'en nommant votre nom mille fois le jour. Quelques religieuses, qui savent l'état déplorable où vous m'avez plongée, me parlent de vous fort souvent. Je sors le moins qu'il m'est possible de ma chambre où vous êtes venu tant de fois, et je regarde sans cesse votre portrait, qui m'est mille fois plus cher que ma vie, il me donne quelque plaisir : mais il me donne aussi bien de la douleur lorsque je ne vous reverrai, peut-être, jamais. Pourquoi faut-il qu'il soit possible que je ne vous verrai, peut-être, jamais ? M'avez-vous pour toujours abandonnée ? Je suis au désespoir, votre pauvre Marianne n'en peut plus, elle s'évanouit en finissant cette lettre.

Adieu, adieu, ayez pitié de moi.

TROISIÈME LETTRE

U'EST-CE que je deviendrai, et qu'est-ce que vous voulez que je fasse ? Je me trouve bien éloignée de tout ce que j'avais prévu : j'espérais que vous m'écririez de tous les endroits où vous passeriez, et que vos lettres seraient fort longues ; que vous soutiendriez ma Passion par l'espérance de vous revoir, qu'une entière confiance en votre fidélité me donnerait quelque sorte de repos, et que je demeurerais cependant dans un état assez supportable sans d'extrêmes douleurs. J'avais même pensé à quelques faibles projets de faire tous les efforts dont je serais capable pour me guérir, si je pouvais connaître bien certainement que vous m'eussiez tout à fait oubliée. Votre éloignement, quelques mouvements de dévotion, la crainte de ruiner entièrement le reste de ma santé par tant de veilles et par tant d'inquiétudes, le peu d'apparence de votre retour, la froideur de votre passion et de vos derniers adieux, votre départ, fondé sur d'assez méchants prétextes, et mille autres raisons, qui ne sont que trop bonnes et que trop inutiles, semblaient me promettre un secours assez assuré, s'il me devenait nécessaire. N'ayant enfin à combattre que contre moi-même, je ne pouvais jamais me défier de toutes mes faiblesses, ni appréhender tout ce que je souffre aujourd'hui. Hélas ! que je suis à plaindre, de ne partager pas mes douleurs avec vous, et d'être toute seule malheureuse. Cette pensée me tue, et je meurs de frayeur que vous n'ayez jamais été extrêmement sensible à tous nos plaisirs. Oui, je connais présentement la mauvaise foi de tous vos mouvements : vous m'avez trahie toutes les fois que vous m'avez dit que vous étiez ravi d'être seul avec moi. Je ne dois qu'à mes importunités vos empressements et vos transports. Vous aviez fait de sens froid un dessein de m'enflammer, vous n'avez regardé ma

les plaisirs infinis
que vous avez perdue

passion que comme une victoire, et votre cœur n'en a jamais été profondément touché. N'êtes-vous pas bien malheureux, et n'avez-vous pas bien peu de délicatesse de n'avoir su profiter qu'en cette manière de mes emportements ? Et comment est-il possible qu'avec tant d'amour je n'aie pu vous rendre tout à fait heureux ? Je regrette pour l'amour de vous seulement les plaisirs infinis que vous avez perdus : faut-il que vous n'ayez pas voulu en jouir ? Ah ! si vous les connaissiez, vous trouveriez sans doute qu'ils sont plus sensibles que celui de m'avoir abusée, et vous auriez éprouvé qu'on est beaucoup plus heureux, et qu'on sent quelque chose de bien plus touchant, quand on aime violemment, que lorsqu'on est aimé. Je ne sais ni ce que je suis, ni ce que je fais, ni ce que je désire. Je suis déchirée par mille mouvements contraires. Peut-on s'imaginer un état si déplorable ? Je vous aime éperdument, et je vous ménage assez pour n'oser, peut-être, souhaiter que vous soyez agité des mêmes transports. Je me tuerais, ou je mourrais de douleur sans me tuer, si j'étais assurée que vous n'avez jamais aucun repos, que votre vie n'est que trouble et qu'agitation, que vous pleurez sans cesse, et que tout vous est odieux. Je ne puis suffire à mes maux, comment pourrais-je supporter la douleur que me donneraient les vôtres, qui me seraient mille fois plus sensibles ? Cependant, je ne puis aussi me résoudre à désirer que vous ne pensiez point à moi ; et à vous parler sincèrement, je suis jalouse avec fureur de tout ce qui vous donne de la joie, et qui touche votre cœur, et votre goût en France. Je ne sais pourquoi je vous écris, je vois bien que vous aurez seulement pitié de moi, et je ne veux point de votre pitié. J'ai bien du dépit contre moi-même quand je fais réflexion sur tout ce que je vous ai sacrifié : j'ai perdu ma réputation, je me suis exposée à la fureur de mes parents, à la sévérité des lois de ce

pays contre les religieuses, et à votre ingratitude, qui me paraît le plus grand de tous les malheurs. Cependant je sens bien que mes remords ne sont pas véritables, que je voudrais du meilleur de mon cœur avoir couru pour l'amour de vous de plus grands dangers, et que j'ai un plaisir funeste d'avoir hasardé ma vie et mon honneur. Tout ce que j'ai de plus précieux ne devait-il pas être en votre disposition ? Et ne dois-je pas être bien aise de l'avoir employé comme j'ai fait ? Il me semble même que je ne suis guère contente ni de mes douleurs, ni de l'excès de mon amour, quoique je ne puisse, hélas ! me flatter assez pour être contente de vous. Je vis, infidèle que je suis, et je fais autant de choses pour conserver ma vie que pour la perdre. Ah ! j'en meurs de honte : mon désespoir n'est donc que dans mes lettres ? Si je vous aimais autant que je vous l'ai dit mille fois ne serais-je pas morte il y a longtemps ? Je vous ai trompé, c'est à vous à vous plaindre de moi : hélas ! pourquoi ne vous en plaignez-vous pas ? Je vous ai vu partir, je ne puis espérer de vous voir jamais de retour, et je respire cependant. Je vous ai trahi, je vous en demande pardon : mais ne me l'accordez pas. Traitez-moi sévèrement ! Ne trouvez point que mes sentiments soient assez violents. Soyez plus difficile à contenter ! Mandez-moi que vous voulez que je meure d'amour pour vous. Et je vous conjure de me donner ce secours, afin que je surmonte la faiblesse de mon sexe, et que je finisse toutes mes irrésolutions

par un véritable désespoir. Une fin tragique vous obligerait sans doute à penser souvent à moi, ma mémoire vous serait chère, et vous seriez, peut-être, sensiblement touché d'une mort extraordinaire, ne vaut-elle pas mieux que l'état où vous m'avez réduite ? Adieu, je voudrais bien ne vous avoir jamais vu. Ah ! je sens vivement la fausseté de ce sentiment, et je connais dans le moment que je vous écris que j'aime bien mieux être malheureuse en vous aimant que de ne vous avoir jamais vu. Je consens donc sans murmure à ma mauvaise destinée, puisque vous n'avez pas voulu la rendre meilleure. Adieu, promettez-moi de me regretter tendrement si je meurs de douleur, et qu'au moins la violence de ma passion vous donne du dégoût et de l'éloignement pour toutes choses. Cette consolation me suffira, et s'il faut que je vous abandonne pour toujours, je voudrais bien ne vous laisser pas à une autre. Ne seriez-vous pas bien cruel de vous servir de mon désespoir pour vous rendre plus aimable et pour vous faire voir que vous avez donné la plus grande passion du monde ? Adieu encore une fois, je vous écris des lettres trop longues,

ENT RECEVOIR

UN SOULAGEMENT

SOUVENIR DE

...S ME COMBLE

...SESPOIR ...

...DESIRS ... NTE

... NATI...

NE VOUS ...RRAY

JAMAIS

CHAMB...

ARDEUR

...T L'EMPORTEMENT

...US ME FAISIEZ

VOIR ?

je n'ai pas assez d'égard pour vous, je vous en demande pardon, et j'ose espérer que vous aurez quelque indulgence pour une pauvre insensée qui ne l'était pas, comme vous savez, avant qu'elle vous aimât. Adieu, il me semble que je vous parle trop souvent de l'état insupportable

où je suis : cependant je vous remercie dans le fond de mon cœur du désespoir que vous me causez, et je déteste la tranquillité où j'ai vécu avant que je vous connusse. Adieu, ma passion augmente à chaque moment. Ah ! que j'ai de choses à vous dire !

Monsieur
Monsieur Boze
je vous écris bous
pourrois vous...
pour la différence des termes et
de la manière de cette lettre, que
vous m'avez enfin persuadée
que vous ne m'aimez plus

Quatrième Lettre

OTRE Lieutenant vient de me dire qu'une tempête vous a obligé de relâcher au royaume d'Algarve. Je crains que vous n'ayez beaucoup souffert sur la mer, et cette appréhension m'a tellement occupée que je n'ai plus pensé à tous mes maux. Êtes-vous bien persuadé que votre lieutenant prenne plus de part que moi à tout ce qui vous arrive ? Pourquoi en est-il mieux informé, et enfin pourquoi ne m'avez-vous point écrit ? Je suis bien malheureuse si vous n'en avez trouvé aucune occasion depuis votre départ ! Et je le suis bien davantage, si vous en avez trouvé sans m'écrire ; votre injustice et votre ingratitude sont extrêmes, mais je serais au désespoir si elles vous attiraient

quelque malheur, et j'aime beaucoup mieux qu'elles demeurent sans punition, que si j'en étais vengée. Je résiste à toutes les apparences qui me devraient persuader que vous ne m'aimez guère, et je sens bien plus de disposition à m'abandonner aveuglément à ma passion, qu'aux raisons que vous me donnez de me plaindre de votre peu de soin. Que vous m'auriez épargné d'inquiétudes si votre procédé eût été aussi languissant les premiers jours que je vous vis qu'il m'a paru depuis quelque temps ! Mais qui n'aurait été abusée, comme moi, par tant d'empressements, et à qui n'eussent-ils pas paru sincères ? Qu'on a de peine à se résoudre à soupçonner longtemps la bonne foi de ceux qu'on aime ! Je vois bien que la moindre excuse vous suffit, et sans que vous preniez le soin de m'en faire, l'amour que j'ai pour vous vous sert si fidèlement, que je ne puis consentir à vous trouver coupable, que pour jouir du sensible plaisir de vous justifier moi-même. Vous m'avez consommée par vos assiduités, vous m'avez enflammée par vos transports, vous m'avez charmée par vos complaisances, vous m'avez assurée par vos serments, mon inclination

violente m'a séduite, et les suites de ces commencements si agréables, et si heureux ne sont que des larmes, que des soupirs, et qu'une mort funeste, sans que je puisse y porter aucun remède.

Il est vrai que j'ai eu des plaisirs bien surprenants en vous aimant : mais ils me coûtent d'étranges douleurs, et tous les mouvements, que vous me causez, sont extrêmes. Si j'avais résisté avec opiniâtreté à votre amour, si je vous avais donné quelque sujet de chagrin et de jalousie pour vous enflammer davantage, si vous aviez remarqué quelque ménagement artificieux dans ma conduite, si j'avais enfin voulu opposer ma raison à l'inclination naturelle que j'ai pour vous, dont vous me fîtes bientôt apercevoir (quoique mes efforts eussent été sans doute inutiles), vous pourriez me punir sévèrement, et vous servir de votre pouvoir. Mais vous me parûtes aimable, avant que vous m'eussiez dit que vous m'aimiez, vous me témoignâtes une grande passion, j'en fus ravie, et je m'abandonnai à vous aimer éperdument. Vous n'étiez point aveuglé, comme moi : pourquoi avez-vous donc souffert que je devinsse en l'état où je me trouve ? Qu'est-ce que vous vouliez faire de tous mes emportements, qui ne pouvaient vous être que très importuns ? Vous saviez bien que vous ne seriez pas toujours en Portugal, et pourquoi m'y avez-vous voulu choisir pour me rendre si malheureuse ? Vous eussiez trouvé sans doute en ce pays quelque femme qui eût été plus belle, avec laquelle vous eussiez eu autant de plaisirs, puisque vous n'en cherchiez que de grossiers, qui vous eût fidèlement aimé aussi longtemps qu'elle vous eût vu, que le temps eût pu consoler de votre absence, et que vous auriez pu quitter sans perfidie, et sans cruauté. Ce procédé est bien plus d'un tyran, attaché à persécuter, que d'un amant, qui ne doit penser qu'à plaire. Hélas ! pourquoi exercez-vous tant de rigueurs sur un cœur, qui est à vous ? Je vois bien que vous êtes aussi facile à vous laisser persuader contre moi que je l'ai été à me laisser persuader en votre faveur. J'aurais résisté, sans avoir besoin de tout mon amour et sans m'apercevoir que j'eusse rien fait d'extraordinaire, à de plus grandes raisons, que ne peuvent être celles qui vous ont obligé à me quitter : elles m'eussent paru bien faibles et il n'y en a point, qui eussent jamais pu m'arracher d'auprès de vous. Mais vous avez voulu profiter des prétextes que vous avez trouvés de retourner en France ; un vaisseau partait, que ne le laissiez-vous partir ? Votre famille vous avait écrit : ne savez-vous pas toutes les persécutions que j'ai souffertes de la mienne ? Votre honneur vous engageait à m'abandonner : ai-je pris quelque soin du mien ? Vous étiez obligé d'aller servir votre Roi, si tout ce qu'on dit de lui est vrai, il n'a aucun besoin de votre secours, et il vous aurait excusé.

J'eusse été trop heureuse si nous avions passé notre vie ensemble : mais puisqu'il fallait qu'une absence cruelle nous séparât, il me semble que je dois être bien aise de n'avoir pas été infidèle, et je ne voudrais pas pour toutes les choses du monde, avoir commis une action si noire. Quoi ? vous avez connu le fond de mon cœur, et de ma tendresse, et vous avez pu vous résoudre à me laisser pour jamais et à m'exposer aux frayeurs, que je dois avoir, que vous ne vous souvenez plus de moi, que pour me sacrifier à une nouvelle passion ? Je vois bien que je vous aime comme une folle : cependant je ne me plains point de toute la violence des mouvements de mon cœur, je m'accoutume à ses persécutions, et je ne pourrais vivre

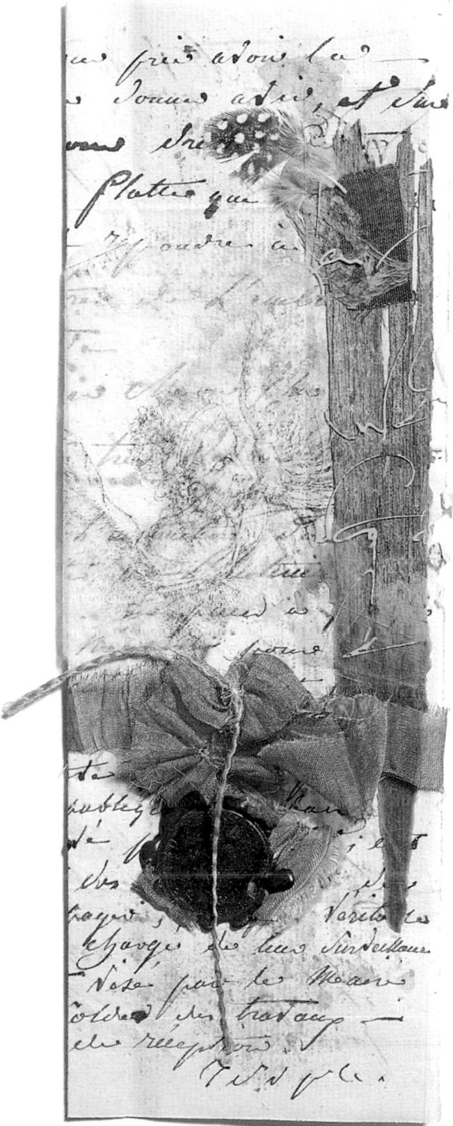

sans un plaisir que je découvre et dont je jouis en vous aimant au milieu de mille douleurs : mais je suis sans cesse persécutée avec un extrême désagrément par la haine, et par le dégoût que j'ai pour toutes choses ; ma famille, mes amis et ce couvent me sont insupportables ; tout ce que je suis obligée de voir, et tout ce qu'il faut que je fasse de toute nécessité, m'est odieux : je suis si jalouse de ma passion, qu'il me semble que toutes mes actions, et que tous mes devoirs vous regardent. Oui, je fais quelque scrupule si je n'emploie tous les moments de ma vie pour vous. Que ferais-je, hélas ! sans tant de haine, et sans tant d'amour, qui remplissent mon cœur ? Pourrais-je survivre à ce qui m'occupe incessamment, pour mener une vie tranquille et languissante ? Ce vide et cette insensibilité ne peuvent me convenir. Tout le monde s'est aperçu du changement entier de mon humeur, de mes manières, et de ma personne. Ma Mère m'en a parlé avec aigreur, et ensuite avec quelque bonté, je ne sais ce que je lui ai répondu, il me semble que je lui ai tout avoué. Les religieuses les plus sévères ont pitié de l'état où je suis, il leur donne même quelque considération, et

je scay bien que je vous
aime comme une
folle; cependant je
ne me plains
point de toute la
violence des
mouvemens de mon
coeur je m'accoutume
à ses persécutions,
et je ne
pourrois
vivre sans un
plaisir

quelque ménagement pour moi. Tout le monde est touché de mon amour, et vous demeurez dans une profonde indifférence, sans m'écrire, que des lettres froides pleines de redites ; la moitié du papier n'est pas remplie, et il paraît grossièrement que vous mourez d'envie de les avoir achevées. Dona Brites me persécuta ces jours passés pour me faire sortir de ma chambre, et croyant me divertir, elle me mena promener sur le balcon, d'où l'on voit Mertola. Je la suivis, et je fus aussitôt frappée d'un souvenir cruel qui me fit pleurer tout le reste du jour. Elle me ramena, et je me jetai sur mon lit, où je fis mille réflexions sur le peu d'apparence que je vois de guérir jamais. Ce qu'on fait pour me soulager aigrit ma douleur, et je retrouve dans les remèdes mêmes des raisons particulières de m'affliger. Je vous ai vu souvent passer en ce lieu avec un air qui me charmait, et j'étais sur ce balcon le jour fatal que je commençai à sentir les premiers effets de ma passion malheureuse. Il me sembla que vous vouliez me plaire, quoique vous ne me connussiez pas. Je me persuadai que vous m'aviez remarquée entre toutes celles qui étaient avec moi.

Je m'imaginai que lorsque vous vous arrêtiez, vous étiez bien aise que je vous visse mieux et j'admirais votre adresse, et votre bonne grâce, lorsque vous poussiez votre cheval, j'étais surprise de quelque frayeur lorsque vous le faisiez passer dans un endroit difficile. Enfin je m'intéressais secrètement à toutes vos actions, je sentais bien que vous ne m'étiez point indifférent, et je prenais pour moi tout ce que vous faisiez. Vous ne connaissez que trop les suites de ces commencements, et quoique je n'aie rien à ménager, je ne dois pas vous les écrire, de crainte de vous rendre plus coupable, s'il est possible, que vous ne l'êtes, et d'avoir à me reprocher tant d'efforts inutiles pour vous obliger à m'être fidèle. Vous ne le serez point : puis-je espérer de mes lettres et de mes reproches ce que mon amour et mon abandonnement n'ont pu sur votre ingratitude ? Je suis trop assurée de mon malheur, votre procédé injuste ne me laisse pas la moindre raison d'en douter, et je dois tout appréhender, puisque vous m'avez abandonnée. N'aurez-vous de charmes que pour moi, et ne paraîtrez-vous pas agréable à d'autres yeux ? Je crois que je ne serai pas fâchée que les sentiments des autres justifient les miens en quelque façon, et je voudrais que toutes les femmes de France vous trouvassent aimable, qu'aucune ne vous aimât, et qu'aucune ne vous plût. Ce projet est ridicule, et impossible : néanmoins, j'ai assez éprouvé que vous n'êtes guère capable d'un grand entêtement, et que vous pourrez bien m'oublier sans aucun secours, et sans y être contraint par une nouvelle passion. Peut-être voudrais-je que vous eussiez quelque prétexte raisonnable ? Il est vrai que je serais plus malheureuse, mais vous ne seriez pas si coupable. Je vois bien que vous demeurerez en France sans de grands plaisirs, avec une entière liberté ; la fatigue d'un long voyage, quelque petite bienséance, et la crainte de ne répondre pas à mes transports, vous retiennent : Ah ! ne m'appréhendez point ! Je me contenterai de vous voir de temps en temps, et de savoir seulement que nous sommes en même lieu. Mais je me flatte, peut-être, et vous serez plus touché de la rigueur et de la sévérité d'une autre, que vous ne l'avez été de mes faveurs. Est-il possible que vous serez enflammé par de mauvais traitements ? Mais avant que de vous engager dans une grande passion, pensez bien à l'excès de mes douleurs, à l'incertitude de mes projets, à la diversité de mes mouvements, à l'extravagance de mes lettres, à mes confiances, à mes désespoirs, à mes souhaits, à ma jalousie ? Ah ! vous allez vous rendre malheureux ;

je vous conjure de profiter de l'état où je suis, et qu'au moins ce que je souffre pour vous, ne vous soit pas inutile ? Vous me fîtes, il y a cinq ou six mois, une fâcheuse confidence, et vous m'avouâtes de trop bonne foi que vous aviez aimé une dame en votre pays : si elle vous

empêche de revenir, mandez-le-moi sans ménagement, afin que je ne languisse plus. Quelque reste d'espérance me soutient encore, et je serai bien aise (si elle ne doit avoir aucune suite) de la perdre tout à fait, et de me perdre moi-même. Envoyez-moi son portrait avec quelqu'une de ses lettres. Et écrivez-moi tout ce qu'elle vous dit. J'y trouverais, peut-être, des raisons de me consoler, ou de m'affliger davantage. Je ne puis demeurer plus longtemps dans l'état où je suis, et il n'y a point de changement qui ne me soit favorable. Je voudrais aussi avoir le portrait de votre frère et de votre belle-sœur : tout ce qui vous est quelque chose m'est fort cher, et je suis entièrement dévouée à ce qui vous touche. Je ne me suis laissé aucune disposition de moi-même : il y a des moments où il me semble que j'aurais assez de soumission pour servir celle que vous aimez. Vos mauvais traitements et vos mépris m'ont tellement abattue que je n'ose quelque-fois penser seulement, qu'il me semble que je pourrais être jalouse sans vous déplaire, et que je crois avoir le plus grand tort du monde de vous faire des reproches. Je suis souvent convaincue que je ne dois point vous faire voir avec fureur, comme je fais, des sentiments, que vous désavouez. Il y a longtemps qu'un officier attend votre lettre ; j'avais résolu de l'écrire d'une manière à vous la faire recevoir sans dégoût : mais elle est trop extravagante, il faut la finir. Hélas ! il n'est pas en mon pouvoir de m'y résoudre, il me semble que je vous parle, quand je vous écris, et que vous m'êtes un peu plus présent. La première ne sera pas si longue, ni si importune, vous pourrez l'ouvrir et la lire sur l'assurance

que je vous donne. Il est vrai que je ne dois point vous parler d'une passion qui vous déplaît, et je ne vous en parlerai plus. Il y aura un an dans peu de jours que je m'abandonnai toute à vous sans ménagement : votre passion me paraissait fort ardente, et fort sincère, et je n'eusse jamais pensé que mes faveurs vous eussent assez rebuté, pour vous obliger à faire cinq cents lieues, et à vous exposer à des naufrages pour vous en éloigner ; personne ne m'était redevable d'un pareil traitement : vous pouvez vous souvenir de ma pudeur, de ma confusion et de mon désordre, mais vous ne vous souvenez pas de ce qui vous engagerait à m'aimer malgré vous. L'officier qui doit vous porter cette lettre me mande pour la quatrième fois, qu'il veut partir ; qu'il est pressant ! il abandonne sans doute quelque malheureuse en ce pays. Adieu, j'ai plus de peine à finir ma lettre, que vous n'en avez eu à me quitter, peut-être pour toujours. Adieu, je n'ose vous donner mille noms de tendresse, ni m'abandonner sans contrainte à tous mes mouvements : je vous aime mille fois plus que ma vie, et mille fois plus que je ne pense. Que vous m'êtes cher et que vous m'êtes cruel ! vous ne m'écrivez point, je n'ai pu m'empêcher de vous dire encore cela ; je vais recommencer, et l'officier partira. Qu'importe ! qu'il parte. J'écris plus pour moi que pour vous : je ne cherche qu'à me soulager. Aussi bien la longueur de ma lettre vous fera peur, vous ne la lirez point. Qu'est-ce que j'ai fait pour être si malheureuse ? Et pourquoi avez-vous empoisonné ma vie ? Que ne suis-je née en un autre pays ? Adieu, pardonnez-moi. Je n'ose plus vous prier de m'aimer ; voyez où mon destin m'a réduite ?

Adieu.

je me sens depuis
quelques jours,
en état de

Brûler

de déchirer
ces gages de Votre
Amour,
qui m'étaient
si chers

CINQUIÈME LETTRE

 E VOUS ÉCRIS pour la der-
nière fois, et j'espère
vous faire connaître par
la différence des termes,
et de la manière de cette
lettre, que vous m'avez enfin persuadée
que vous ne m'aimiez plus, et qu'ainsi je
ne dois plus vous aimer. Je vous renver-
rai donc par la première voie tout ce qui
me reste encore de vous. Ne craignez pas
que je vous écrive ; je ne mettrai pas
même votre nom au-dessus du paquet.
J'ai chargé de tout ce détail Dona Brites,
que j'avais accoutumée à des confidences
bien éloignées de celle-ci. Ses soins me
seront moins suspects que les miens ; elle
prendra toutes les précautions néces-
saires afin de pouvoir m'assurer que
vous avez reçu le portrait et les bracelets

que vous m'avez donnés. Je veux cependant que vous sachiez que je me sens, depuis quelques jours, en état de brûler et de déchirer ces gages de votre amour, qui m'étaient si chers, mais je vous ai fait voir tant de faiblesse que vous n'auriez jamais cru que j'eusse pu devenir capable d'une telle extrémité. Je veux donc jouir de toute la peine que j'ai eue à m'en séparer, et vous donner au moins quelque dépit. Je vous avoue à ma honte et à la vôtre, que je me suis trouvée plus attachée que je ne veux vous le dire à ces bagatelles, et que j'ai senti que j'avais un nouveau besoin de toutes mes réflexions pour me défaire de chacune en particulier, lors même que je me flattais de n'être plus attachée à vous. Mais on vient à bout de tout ce qu'on veut, avec tant de raisons. Je les ai mises entre les mains de Dona Brites. Que cette résolution m'a coûté de larmes ! Après mille mouvements et mille incertitudes que vous ne connaissez pas, et dont je ne vous rendrai pas compte assurément, je l'ai conjurée de ne m'en parler jamais, de ne me les rendre jamais, quand même je les demanderais pour les revoir encore une fois, et de vous les renvoyer enfin, sans

je ne me souviens de vous

m'en avertir. Je n'ai bien connu l'excès de
mon amour que depuis que j'ai voulu
faire tous mes efforts pour m'en guérir ;
et je crains que je n'eusse osé l'entreprendre, si j'eusse pu prévoir tant de
difficultés et tant de violences. Je
suis persuadée que j'eusse senti des

mouvements moins désagréables en vous aimant tout ingrat que vous êtes qu'en vous quittant pour toujours. J'ai éprouvé que vous m'étiez moins cher que ma passion, et j'ai eu d'étranges peines à la combattre, après que vos procédés injurieux m'ont rendu votre personne odieuse. L'orgueil ordinaire de mon sexe ne m'a point aidée à prendre des résolutions contre vous. Hélas ! j'ai souffert votre mépris. J'eusse supporté votre haine et toute la jalousie que m'eût donnée l'attachement que vous eussiez pu avoir pour une autre, j'aurais eu, au moins, quelque passion à combattre, mais votre indifférence m'est insupportable. Vos impertinentes protestations d'amitié, et les civilités ridicules de votre dernière lettre, m'ont fait voir que vous aviez reçu toutes celles que je vous ai écrites, qu'elles n'ont causé dans votre cœur aucun mouvement, et que cependant vous les avez lues. Ingrat, je suis encore assez folle pour être au désespoir de ne pouvoir me flatter qu'elles ne soient pas venues jusques à vous, etqu'on ne vous les ait pas rendues. Je déteste votre bonne foi, vous avais-je prié de me mander sincèrement la vérité ? Que ne me laissiez-vous ma passion. Vous n'aviez qu'à ne me point écrire ; je ne cherchais pas à être éclaircie ; ne suis-je pas bien malheureuse de n'avoir pu vous obliger à prendre quelque soin de me tromper et de n'être plus en état de vous excuser ? Sachez que je m'aperçois que vous êtes indigne de tous mes sentiments, et que je connais toutes vos méchantes qualités. Cependant (si tout ce que j'ai fait pour vous peut mériter que vous ayez quelques petits égards pour les grâces que je vous demande), je vous conjure de ne m'écrire plus, et de m'aider à vous oublier entièrement. Si vous me témoigniez, faiblement même, que vous avez eu quelque peine en lisant cette lettre, je vous croirais peut-être ; et peut-être aussi votre aveu et votre consentement me donneraient du dépit et de la colère, et tout cela pourrait m'enflammer. Ne vous mêlez donc point de ma conduite, vous renverseriez, sans doute, tous mes projets, de quelque manière que vous voulussiez y entrer. Je ne veux point savoir le succès de cette lettre ; ne troublez pas l'état que je me prépare, il me semble que vous pouvez être content des maux que vous me causez (quelque dessein que vous eussiez fait de me rendre malheureuse). Ne m'ôtez point de mon incertitude, j'espère que j'en ferai, avec le temps, quelque chose de tranquille. Je vous promets de ne vous point haïr, je me défie trop des sentiments violents pour oser l'entreprendre.

Je suis persuadée que je trouverais peut-être en ce pays un amant plus fidèle et mieux fait ; mais hélas ! qui pourra me donner de l'amour ? La passion d'un autre m'occupera-t-elle ? La mienne a-t-elle pu quelque chose sur vous ? N'éprouvé-je pas qu'un cœur attendri n'oublie jamais ce qui l'a fait apercevoir des transports qu'il ne connaissait pas, et dont il était capable, que tous ses mouvements sont attachés à l'idole qu'il s'est faite, que ses premières idées et que ses premières blessures ne peuvent être ni guéries ni effacées, que toutes les passions qui s'offrent à son secours et qui font des efforts pour le remplir et pour le contenter, lui promettent vainement une sensibilité qu'il ne retrouve plus, que tous les plaisirs qu'il cherche sans aucune envie de les rencontrer ne servent qu'à lui faire bien connaître que rien ne lui est si cher que le souvenir de ses douleurs.

ne m'ostez point de
mon incertitude
j'espère que je tu
j'en ferai fois
avec le temps que
de t'aver

Pourquoi m'avez-vous fait connaître l'imperfection et le désagrément d'un attachement qui ne doit pas durer éternellement, et les malheurs qui suivent un amour violent, lorsqu'il n'est pas réciproque ? Et pourquoi une inclination aveugle et une cruelle destinée s'attachent-elles, d'ordinaire, à nous déterminer pour ceux qui seraient sensibles pour quelque autre ?

Quand même je pourrais espérer quelque amusement dans un nouvel engagement, et que je trouverais quelqu'un de bonne foi, j'ai tant de pitié de moi-même, que je ferais beaucoup de scrupule de mettre le dernier homme du monde en l'état où vous m'avez réduite : et quoique je ne sois pas obligée à vous ménager, je ne pourrais me résoudre à exercer sur vous une vengeance si cruelle, quand même elle dépendrait de moi, par un changement que je ne prévois pas.

Je cherche dans ce moment à vous excuser, et je comprends bien qu'une religieuse n'est guère aimable d'ordinaire. Cependant il semble que si on était capable de raisons, dans les choix qu'on fait, on devrait plutôt s'attacher à elles qu'aux autres femmes ; rien ne les empêche de penser incessamment à leur passion, elles ne sont point détournées par mille choses qui dissipent et qui occupent dans le monde. Il me semble qu'il n'est pas fort agréable de voir celles qu'on aime toujours distraites par mille bagatelles, et il faut avoir bien peu de délicatesse pour souffrir (sans en être au désespoir) qu'elles ne parlent que d'assemblées, d'ajustements et de promenades. On est sans cesse exposé à de nouvelles jalousies ; elles sont obligées à des égards, à des complaisances, à des conversations. Qui peut s'assurer qu'elles n'ont aucun plaisir dans toutes ces occasions, et qu'elles souffrent toujours leurs maris avec un extrême dégoût, et sans aucun consentement ? Ah ! qu'elles doivent se défier d'un amant qui ne leur fait pas rendre un compte bien exact là-dessus, qui croit aisément et sans inquiétude ce qu'elles lui disent, et qui les voit avec beaucoup de confiance et de tranquillité sujettes à tous ces devoirs ! Mais je ne prétends pas vous prouver par de bonnes raisons, que vous deviez m'aimer ; ce sont de très méchants moyens, et j'en ai employé de beaucoup meilleurs qui ne m'ont pas réussi ; je connais trop bien mon destin pour tâcher à le surmonter. Je serai malheureuse toute ma vie ; ne l'étais-je pas en vous voyant tous les jours. Je mourais de frayeur que vous ne me fussiez pas fidèle, je voulais vous voir à tous moments, et cela n'était pas possible, j'étais troublée par le péril que vous couriez en entrant dans ce couvent ; je ne vivais pas lorsque vous étiez à l'armée, j'étais au désespoir de n'être pas plus belle et plus digne de vous, je murmurais contre la médiocrité de ma condition, je croyais souvent que l'attachement que vous paraissiez avoir pour moi vous pourrait faire quelque tort ; il me semblait que je ne vous aimais pas assez, j'appréhendais pour vous la colère de mes parents, et j'étais enfin dans un état aussi pitoyable qu'est celui où je suis présentement. Si vous m'eussiez donné quelques témoignages de votre passion depuis que vous n'êtes plus en Portugal, j'aurais fait tous mes efforts pour en sortir, je me fusse déguisée pour vous aller trouver. Hélas ! qu'est-ce que je fusse devenue, si vous ne vous fussiez plus soucié de moi, après que j'eusse été en France ? Quel désordre ! Quel égarement ! Quel comble

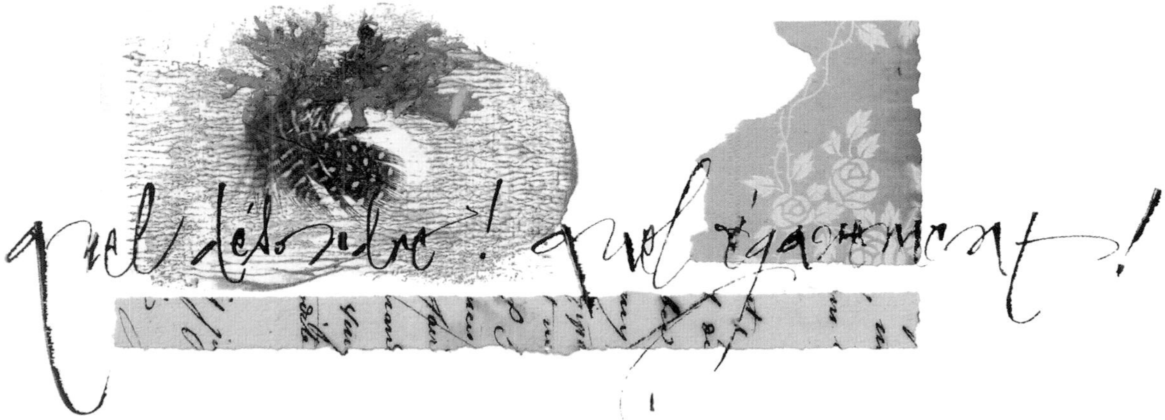
Quel désordre ! Quel égarement !

de honte pour ma famille, qui m'est fort chère depuis que je ne vous aime plus. Vous voyez bien que je connais de sens froid qu'il était possible que je fusse encore plus à plaindre que je ne suis ; et je vous parle, au moins, raisonnablement une fois en ma vie. Que ma modération vous plaira, et que vous serez content de moi, je ne veux point le savoir, je vous ai déjà prié de ne m'écrire plus, et je vous en conjure encore.

N'avez-vous jamais fait quelque réflexion sur la manière dont vous m'avez traitée, ne pensez-vous jamais que vous m'avez plus d'obligation qu'à personne du monde ? Je vous ai aimé comme une insensée. Que de mépris j'ai eu pour toutes choses ! Votre procédé n'est point d'un honnête homme, il faut que vous ayez eu pour moi de l'aversion naturelle, puisque vous ne m'avez pas aimée éperdument. Je me suis laissée enchanter par des qualités très médiocres. Qu'avez-vous fait qui dût me plaire ? Quel sacrifice m'avez-vous fait ? N'avez-vous pas cherché mille autres plaisirs ? Avez-vous renoncé au jeu, et à la chasse ? N'êtes-vous pas parti le premier pour aller à l'armée ? N'en êtes-vous pas revenu après tous les autres ? Vous vous y êtes exposé follement, quoique je vous eusse prié de vous ménager pour l'amour de moi. Vous n'avez point cherché les moyens de vous établir en Portugal, où vous étiez estimé. Une lettre de votre frère vous en a fait partir sans hésiter un moment ; et n'ai-je pas su que, durant le voyage, vous avez été de la plus belle humeur du monde ? Il faut avouer que je suis obligée à vous haïr mortellement. Ah ! je me suis attiré tous mes malheurs : je vous ai d'abord accoutumé à une grande passion, avec trop de bonne foi, et il faut de l'artifice pour se faire aimer, il faut chercher avec quelque adresse les moyens d'enflammer, et l'amour tout seul ne donne point de l'amour. Vous vouliez que je vous aimasse, et comme vous aviez formé ce dessein, il n'y a rien que vous n'eussiez fait pour y parvenir. Vous vous fussiez même résolu à m'aimer s'il eût été néces-saire ; mais vous avez connu que vous pouviez réussir dans votre entreprise sans passion, et que vous n'en aviez aucun besoin, quelle perfidie ! Croyez-vous avoir pu impunément me tromper. Si quelque hasard vous ramenait en ce pays, je vous déclare que je vous livrerai à la vengeance de mes parents. J'ai vécu longtemps dans un abandonnement et dans une idolâtrie qui me donne de l'horreur et mon remords me persécute avec une rigueur insupportable. Je sens vivement la honte des crimes que vous m'avez fait commettre, et je n'ai plus, hélas ! la passion qui m'empêchait d'en connaître l'énormité. Quand est-ce que mon cœur ne sera plus déchiré ? Quand est-ce que je serai délivrée de cet embarras cruel ? Cependant je crois que je ne vous souhaite point de mal, et que je me résoudrais à consentir que vous fussiez heureux ; mais comment pourrez-vous l'être, si vous avez le cœur bien fait.

Je veux vous écrire une autre lettre, pour vous faire voir que je serai peut-être plus tranquille dans quelque temps... Que j'aurai de plaisir de pouvoir vous reprocher vos procédés injustes après que je n'en serai plus si vivement touchée, et lorsque je vous ferai connaître que je vous méprise, que je parle avec beaucoup d'indifférence de votre trahison, que j'ai oublié tous mes plaisirs et toutes mes douleurs, et que je ne me souviens de vous que lorsque je veux m'en souvenir ! Je demeure d'accord que vous avez de faut

'artifice

ire aimer;

ercher

lque adresse

t l'amour tout seul

ne point de

grands avantages sur moi, et que vous m'avez donné une passion qui m'a fait perdre la raison, mais vous devez en tirer peu de vanité ; j'étais jeune, j'étais crédule, on m'avait enfermée dans ce couvent depuis mon enfance, je n'avais vu que des gens désagréables, je n'avais jamais entendu les louanges que vous me donniez incessamment, il me semblait que je vous devais les charmes et la beauté que vous me trouviez, et dont vous me faisiez apercevoir, j'entendais dire du bien de vous, tout le monde me parlait en votre faveur, vous faisiez tout ce qu'il fallait pour me donner de l'amour ; mais je suis, enfin, revenue de cet enchantement, vous m'avez donné de grands secours, et j'avoue que j'en avais un extrême besoin : En vous renvoyant vos lettres, je garderai soigneusement les

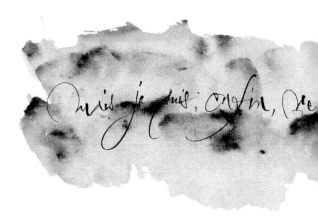

deux dernières que vous m'avez écrites, et je les relirai encore plus souvent que je n'ai lu les premières, afin de ne retomber plus dans mes faiblesses. Ah ! qu'elles me coûtent cher, et que j'aurais été heureuse si vous eussiez voulu souffrir que je vous eusse toujours aimé. Je connais bien que je suis encore un peu trop occupée de mes reproches et de votre infidélité, mais souvenez-vous que je me suis promis un état plus paisible, et que j'y parviendrai, ou que je prendrai contre moi quelque résolution extrême, que vous apprendrez sans beaucoup de déplaisir. Mais je ne veux plus rien de vous, je suis une folle de redire les mêmes choses si souvent, il faut vous quitter et ne penser plus à vous, je crois même que je ne vous écrirai plus, suis-je obligée de vous rendre un compte exact de tous mes divers mouvements ?

III. — Le seigneur P

IV. — Imposture dé

Dénouement n

je crois mesme que je ne vous escrira plus

De cha

souven
is que
je me suis
mise
une est
plus ais
et que
parvi
ou que
prendra

STÉPHANIE DEVAUX

Durant six ans, Stéphanie Devaux a travaillé comme libraire à Paris, chez Kieffert, librairie spécialisée dans les livres anciens. Cette longue proximité avec les éditions originales, les ouvrages illustrés, la gravure, a suscité en elle une passion de la lettre qu'elle a pu ensuite concrétiser en découvrant la calligraphie occidentale au sein de l'association Ductus, où elle suit notamment les cours de Laurent Pflughaupt. Aujourd'hui, tout en continuant à se former, elle enseigne à son tour la calligraphie et poursuit un travail personnel qui a déjà donné lieu à différentes expositions.

REMERCIEMENTS

A Laurent Pflughaupt pour sa générosité,
à Sabine Bledniak pour la confiance
qu'elle m'a accordée,
à ma famille pour son soutien,
à toute l'équipe de Ductus.

Conception graphique : Pascal Sauvestre.
Photogravure et impression : Just Colour Graphic, Barcelone.
Achevé d'imprimer en septembre 2004.
IMPRIMÉ EN ESPAGNE